AF509684

VICHY [1] 

Ses Eaux bicarbonatées sodiques fortes, chaudes et froides.

Messieurs,

Nous sommes ici [2] presque au centre de la France, à six heures de Paris, à quatorze heures de Londres, à dix heures de Bruxelles, dans une station qui, par l'abondance, la gamme de thermalité et d'alcalinité de ses eaux, par l'efficacité de ses sources, par l'ampleur, la puissance, le confort de ses établissements et de ses instituts, par la beauté enfin de ses parcs, réalise le type de la ville d'eaux moderne.

Vichy est bien la ville la plus intéressante que visite cette année le V. E. M., en dépit qu'il ait étudié déjà des eaux également ment renommées, telles que Néris, Châtel-Guyon, la Bourboule,

---

[1] Conférence faite sous forme de *leçon de choses de Thérapeutique Thermale*, dans la grande salle des fêtes du Casino de Vichy, le matin du 11 septembre 1904, par le professeur L. Landouzy, directeur scientifique des Voyages d'Etudes médicales aux stations hydro-minérales, marines et climatiques de France.

Le sixième de ces Voyages d'Etudes médicales, organisés depuis 1899 par le Dr Carron de la Carrière, faisait, à plus de cent adhérents de toutes nationalités, visiter, du 3 au 15 septembre 1904, les *stations du Centre de la France et de l'Auvergne* : Néris, Evaux, la Bourboule, le Mont-Dore, Saint-Nectaire, Vic-sur-Cère et le Lioran, Royat, Châtel-Guyon, Vichy, Bourbon-l'Archambault, Bourbon-Lancy, Saint-Honoré-les-Bains, Pougues.

Le prochain et septième V. E. M. parcourra, du 1er au 14 septembre 1905, les Pyrénées occidentales, visitant Bagnères-de-Luchon, Capvern, Barbazan, Siradan, Bigorre, Barèges, Castera-Verduzan, Argelès, Saint-Sauveur, Cauterets, les Eaux-Bonnes, les Eaux-Chaudes, Saint-Christau, Pau, Cambo, Hendaye, Salies-de-Béarn, Biarritz, Dax et Arcachon.

[2] Vichy, chef-lieu de canton du département de l'Allier; sur la rive droite de l'Allier, à 260 mètres d'altitude. Climat doux.

Saison du 15 mai au 1er octobre. Vaste et complet Établissement de Physicothérapie.

le Mont-Dore et Royat, pour parler seulement des stations déjà parcourues.

Dès l'abord, j'informe mes auditeurs qu'ils ne vont point entendre une conférence didactique sur Vichy ; tout autre est ma tâche d'aujourd'hui. Suivant le programme accoutumé du V. E. M., je vais (comme hier je l'ai fait à Châtel-Guyon ; comme demain je le ferai à Bourbon-l'Archambault) synthétiser la substantielle leçon de choses, qu'à l'instant nous avons prise en visitant longuement les buvettes et les établissements de cette station célèbre parmi les plus grandes.

Pour épineuse qu'elle soit, tellement le sujet apparaît vaste, ma tâche est facilitée par tous les renseignements, par toutes les explications que vous et moi nous avons, sur place, recueillis de nos confrères de Vichy, lorsque, avec tant de bonne grâce, ils mettaient au service de notre curiosité le meilleur de leur expérience.

Laissant de côté la question géologique, j'envisagerai d'emblée les eaux de Vichy en elles-mêmes, n'en voulant étudier au point de vue pratique que les faits ressortissant à la Matière Médicale et à la Thérapeutique.

*
* *

Onze sources émergent dans le périmètre de la ville : sept sont la propriété de l'État, quatre appartiennent à des particuliers.

Cinq des sources sourdent naturellement, six après forage.

Les cinq premières sont :

La source du Puits-Carré, dite source Chomel ;
  — de la Grande-Grille ;
  — de l'Hôpital ;
  — Lucas ;
  — des Célestins.

Les six sources qui ont jailli après forage sont :

La source Mesdames ;
  — du Parc ;
  — Dubois ;
  — Lardy ;
  — Larbaud.

Parmi toutes ces sources, les unes sont *chaudes* : Chomel 44°, Grande-Grille 41°8, Hôpital 34° ; l'une est tiède : la source Lucas, 28° ;

les autres sont froides : le Parc et Mesdames 16°; Larbaud 15°;
les Célestins 13°.

Vous avez jugé combien est abondant le produit de ces sources;
réunies, elles produisent quotidiennement près de 400.000 litres :
quelques-unes, les Célestins et Chomel, donnent jusqu'à 60.000
et 100.000 litres par jour.

N'oubliez pas, pour apprécier la richesse de Vichy, que de
récents forages ont fait, à quelques kilomètres d'ici, sortir du sol
la source Boussanges qu'on ne saurait, au point de vue de sa
thermalité et de sa composition, mieux comparer qu'à la Grande-
Grille : son débit colossal est tel, qu'à lui seul il égale la somme
des sept sources que je nommais tout à l'heure.

Où que vous les ayez vues, où que vous les ayez bues, les eaux
de Vichy se sont montrées partout claires, incolores, transpa-
rentes, inodores, insipides, laissant échapper — en proportion
variable suivant les buvettes — des bulles d'acide carbonique.

Vichy représente le type des eaux alcalines fortes, puisque sa
minéralisation globale oscillant entre 6 et 7 grammes, le bicarbonate de soude hydraté — sel de Vichy — figure pour 5 gr. 612 au
puits Chomel, et 5 gr. 424 à la source Lucas.

La minéralisation bicarbonatée est essentiellement *sodique*
puisque les bicarbonates de potasse, de chaux, de magnésie et de
lithine réunis, représentent moins de 1 gramme, c'est-à-dire la
cinquième ou la sixième partie de la minéralisation alcaline
totale.

Sans m'étendre plus longuement sur le chimisme des eaux de
Vichy — dont vous trouverez ci-annexé la notation (1) aussi
complète que détaillée, — je vous dirai, qu'en plus des divers
bicarbonates énoncés, les eaux renferment :

Sulfate de soude.	0 gr. 30
Chlorure de sodium.	0 gr. 50
Arséniate de soude	0 gr. 002
Lithium	Traces.

Si j'ajoute que les sources Mesdames et Lardy sont ferrugineuses; si j'ajoute enfin que toutes les sources de Vichy renferment en proportion variable (898 c. c., pour les Célestins;
350 c. c. pour la source Lucas) de l'acide carbonique libre, j'aurai
été complet.

(1) Voir, page 20, l'analyse des sources de Vichy, par M. Willm, 1894.

Ce que je viens de dire de la caractéristique des eaux de Vichy *bicarbonatées sodiques fortes, chaudes et froides*, que j'ai englobées toutes dans une description commune, n'empêche que chacune des sources, envisagée en soi et particulièrement, n'ait, à côté de ses qualités familiales (alcalines fortes) une individualité propre. Ces particularités (auxquelles chacune des sources doit d'avoir une physionomie originale) déjà différenciables au thermomètre et à l'analyse, telles : la source Lucas *tiède*, renfermant 5 gr. 424 de bicarbonate de soude et 350 centimètres cubes d'acide carbonique; la source des Célestins, *froide*, renfermant 4 gr. 964 de bicarbonate de soude et 898 centimètres cubes d'acide carbonique; la source Chomel *hyperthermale*, renfermant 5 gr. 612 de bicarbonate de soude; ces particularités, dis-je, sont non moins reconnaissables aux effets thérapeutiques divers et nuancés dont l'empirisme d'abord, la Clinique ensuite ont su faire autant de spécialisations.

Vous verrez, au cours de cet entretien, combien sont réelles ces spécialisations — spécialisations qui veulent qu'en pratique, on prescrive les Eaux de Vichy et non de l'eau de Vichy, — quand je vous montrerai comment nos clients, pour atteints qu'ils soient de mêmes affections constitutionnelles, apparaissent différemment justiciables d'une cure faite, soit à la Grande-Grille, soit à l'Hôpital, soit encore à la source Mesdames.

C'est qu'il en est de la Matière Médicale Thermale — point sur lequel j'insistais particulièrement dans mon enseignement de la Faculté, — comme de l'Alcaloïdothérapie. La première, comme la seconde, doit savoir trouver dans les agents d'un même groupe physico-chimique toute une gamme d'effets différenciables.

Est-ce que, pour prendre un exemple parmi les grands médicaments, si nous puisons dans le fonds commun des effets produits par les opiacés, est-ce que nous ne parvenons pas à satisfaire à des indications thérapeutiques nuancées, suivant que nous ordonnançons la codéine, la narcéine, la thébaïne ou la papavérine, plutôt que la morphine?

Est-ce que chacun de ces alcaloïdes, doué de propriétés communes calmantes et somnifères, n'a cependant pas son coefficient personnel d'ordre soporifique, analgésique et anexosmotique?

Pareille posologie existe en Pharmacologie et en Thérapeutique Thermales; aussi voyons-nous maintes cures vichysoises, quoique aboutissant à des effets communs dans le fond — effets altérants,

— produire des résultats différenciables et nuancés dans la forme.

C'est que, contrairement à l'opinion du vulgaire, la médication vichysoise, loin de rester univoque et uniforme, se montre, sous la main experte de nos confrères, remarquablement malléable et diverse.

Aux multiples buvettes de Vichy se trouve, à la disposition des malades, toute une Matière Médicale Alcaline dans laquelle la posologie saura trouver de quoi satisfaire à toutes les indications thérapeutiques si multiples soient-elles. Etant donné la richesse et la diversité des eaux; étant donné l'ampleur et la commodité des installations de Vichy, ce sont des légions de malades qui trouveront moyen de suivre ici un traitement, général ou local, dans *toutes* les notes de la médication alcaline, depuis la plus forte jusqu'à la plus adoucie.

*
* *

Les eaux de Vichy sont employées : en usage interne, en usages externes.

La merveilleuse installation des buvettes, où le luxe le dispute au confort, proclame hautement que la boisson est la plus importante manière d'user ici de la médication alcaline.

On vous a dit tout à l'heure, et vous avez vu, de vos yeux vu, quand, comment et combien, se prenaient, à même les buvettes, les eaux par verrées, espacées, rapprochées, rares ou multipliées, de 100 à 200 grammes; le buveur absorbant d'ordinaire entre 300 à 800 grammes dans sa journée; ces doses pouvant du reste chez certains malades, par prescription spéciale, être dépassées.

L'usage externe comporte les lavages partiels et les bains alcalins : les lavages partiels varient à l'infini dans leur modalité, puisque, au moyen d'un outillage perfectionné, l'eau de Vichy est mise à la disposition des malades, sous forme d'inhalations, de gargarismes, de pulvérisations; de lavages nasal, oculaire, auriculaire, stomacal, intestinal, vésical, vaginal.

Les bains, les douches, les douches-massages, les douches ascendantes, comme les bains et les douches de gaz acide carbonique, se prennent dans les sept établissements dont l'agencement réalise le parfait dans le commode, aussi bien que dans la sécurité hygiénique.

*
* *

Maintenant que nous connaissons les eaux de Vichy dans leur *statisme;* maintenant que, pour justement parler, nous en avons étudié l'anatomie, étudions-en la physiologie, envisageons leur *dynamisme.* Nous savons comment on se sert des eaux de Vichy, voyons les effets et les résultats obtenus par leur emploi interne et externe.

Ce que nous savons du chimisme des eaux de Vichy, nous les montre se rapprochant du sérum sanguin avec lequel elles sont presque isotoniques. Leur composition avoisine celle du milieu salin dans lequel baignent les éléments *aquatiques* que représentent les cellules de notre organisme.

Ingérées à la buvette, les eaux de Vichy produisent, à peine bues, un dégagement de gaz dans l'estomac, qui, remontant par l'œsophage, donne dans le nez une sensation de picotements pouvant aller jusqu'à produire un léger vertige.

Le dégagement d'acide carbonique, commencé dans l'estomac, continue dans l'intestin. S'écoulant dans l'iléon et dans le jéjunum, la solution alcaline forte (que représentent les verrées ordonnancées petites ou grandes, rares ou multipliées, avant ou après les repas) non seulement enraye et diminue les fermentations, mais décapant la muqueuse de son vernis glaireux, saponifiant les graisses, diluant le contenu gastro-intestinal, aidant aux sécrétions des glandes gastriques et intestinales, faisant le chyme plus fluide, facilite l'endosmose.

En même temps, portée au foie, l'eau de Vichy fait la bile plus diffluente et plus abondante.

Les résultats sont une augmentation d'appétit et de facilité de digestion qu'accusent les malades dès le commencement de la cure.

En même temps que s'exerce, locale et topique, l'action de l'eau de Vichy pénétrant dans les voies digestives, ses effets se font sentir à distance.

L'eau épandue, par assimilation, dans les lacs lymphatiques, pénètre le torrent circulatoire, augmentant rapidement la pression vasculaire. De l'acide carbonique s'exhale par la respiration, non sans produire des phénomènes d'excitation générale comme des troubles d'excitations localisées, aboutissant parfois à de l'ébriété et à du vertige, aboutissant plus communément à une stimulation du cœur et de la circulation.

L'imbibition alcaline des tissus place en un milieu nouveau, en des conditions nouvelles, toutes les cellules de l'organisme; leur

, imposant une lixiviation favorisant la transformation, la désintégration et l'exode des produits des vies cellulaires; tout cela à la faveur d'une diurèse dont l'augmentation se montre appréciable dès la fin de la première semaine de traitement.

La résultante de la cure de boisson est un état d'euphorie générale succédant à l'enchaînement des euphories locales.

Les téguments aussi témoignent des modifications apportées par la cure vichysoise à l'économie tout entière. Les malades s'aperçoivent que leur peau, d'ordinaire sèche et rebelle aux transpirations, est embue d'une certaine moiteur, résultat de la circulation cutanée comme des sécrétions sébacées et sudorales modifiées.

En résumé, ce à quoi aboutit la cure vichysoise, c'est à une profonde modification des nutritions locales, viscérale et générale, dans les deux sens d'intégration et de désintégration cellulaires.

De là les modalités, tant organiques que fonctionnelles, nouvelles, imposées à notre économie par la médication alcaline. Autre et meilleure se fait la nutrition cellulaire, interstitielle, viscérale et fédérale, si bien que les troubles fonctionnels apaisés, les organopathies réduites, le malade est, petit à petit, replacé en conditions physiologiques.

Cette étude analytique de la cure vichysoise, qui nous montre ses deux modes d'action :

A. — *Action locale, immédiate, actuelle,*
B. — *Action diffusante, médiate, à longue portée,*

permet de comprendre comment et pourquoi nous disons les clients de Vichy justiciables : tantôt de ses spécialisations fonctionnelles exclusivement; tantôt de sa spécialisation générale seulement; tantôt des deux en même temps.

A. — Les spécialisations fonctionnelles de Vichy — résultant de l'action topique, immédiate et actuelle exercée par la boisson — s'appliquent surtout :

Aux troubles gastriques superficiels et récents des gros mangeurs;

Aux dyspeptiques, par erreurs ou excès alimentaires;

Aux gastralgiques, par hyperacidité.

Contre l'hyperacidité, le soluté idéal de sel de Vichy qu'est l'eau de l'Hôpital, fait merveille, tant par son apport d'alcalinité que par son apport de thermalité. Pourtant, il ne faut pas voir dans cette spécialisation fonctionnelle des eaux de Vichy chez certains hyperchlorhydriques, l'effet d'une neutralisation chimique exclusive. Il est bon, avec Pawlow, de savoir que tels effets salutaires produits chez certains gastralgiques par les alcalins, paraissent dus, moins à une action chimique neutralisante, qu'à leur action inhibitrice glandulaire, les eaux de Vichy produisant, en l'espèce, leurs effets thérapeutiques par le repos dans lequel elles mettent les glandes gastriques.

B. — La spécialisation générale, diathésique de Vichy (résultant de l'action diffusante, médiate, profonde, durable, dyscrasique exercée par la boisson) s'applique particulièrement aux déviations de nutrition histo-chimiques, fonctionnelles ou organiques, des arthritiques, quelles que soient du reste ces déviations, en tant que localisations ou expressions morbides. C'est cette spécialisation diathésique des eaux de Vichy qui les faisaient dire si justement par nos pères : *altérantes*.

C'est comme modifiant la crase sanguine des arthritiques; c'est comme imprimant chez eux aux modalités nutritives, tant cellulaires que viscérales, des allures nouvelles, que Vichy réclame les arthritiques devenus légion en ce siècle de surmenage *alimentaire* comme de tant d'autres surmenages.

Cette spécialisation générale, *altérante*, explique combien et comment les eaux de Vichy conviennent aux arthritiques quelle que soit la localisation morbide : fonctionnelle ou organique, superficielle ou profonde, récente ou ancienne, simple ou associée, qui fait d'eux des gastropathiques, des dyspeptiques intestinaux, des hépatopathiques, des arthropathiques, des congestifs, des néphropathiques, des diabétiques, des goutteux ou des uricémiques. Buvant à Vichy, l'arthritique n'y est pas simplement lavé comme à Évian; il y devient un autre lui-même, grâce aux modalités nutritives nouvelles qu'impose à son organisme le chimisme importé, neuf, par l'eau de la Grande-Grille, de l'Hôpital, ou par l'eau des Célestins.

C'est que les changements produits par la boisson dans la vie cellulaire de l'hépatopathique, aussi bien que dans la vie du néphrétique, peuvent enrayer chez eux les formations lithiasiques.

C'est que tels uricémiques, buvant à Vichy, venus podagres ou rhumatoïdants, vont y savoir consommer leur acide urique qu'ils ne laisseront plus accumuler au pourtour de leurs jointures. C'est que certains diabétiques gras, certains obèses y sauront activer leur nutrition cellulaire, déviée depuis longtemps, et demain régularisée.

Je vous disais, tout à l'heure, que parmi les indications thérapeutiques remplies à Vichy, certaines relevaient tout à la fois de la spécialisation générale et de la spécialisation fonctionnelle. La chose apparaît évidente surtout à qui envisage les services rendus par Vichy aux hépatopathiques. Cela tient à ce que, en plus de l'action exercée par les alcalins sur l'économie entière, les eaux de Vichy portent électivement leur action sur la cellule hépatique, rappelant, *mutatis mutandis*, les actions électives que je vous ai montrées si particulières à La Preste et à Saint-Nectaire sur l'appareil urinaire; à Allevard sur l'appareil bronchique; à Molitg et à la Bourboule sur les téguments; au Mont-Dore et aux Eaux-Bonnes sur l'appareil respiratoire.

Cette action élective des eaux de Vichy sur la cellule hépatique, explique la présence ici de tant de *paludéens*, de tant de *coloniaux*, retour du Tonkin, d'Algérie, de Madagascar, des Indes françaises, anglaises ou néerlandaises, aussi bien que du Congo. Ces *coloniaux* justiciables de Vichy, surtout en tant qu'hépatopathiques, représentent tous les types et toutes les variétés possibles d'affections du foie. Ce sont de simples congestionnés, nouvellement et superficiellement touchés; ce sont aussi des malades adultérés jusqu'au fond de leur cellule hépatique, avec inflammation de la trame péricellulaire en train d'aboutir à des néoformations scléreuses, que vous avez, ce matin, coudoyés à la buvette de la Grande-Grille. Beaucoup de ces malades devront à la cure de Vichy de voir s'enrayer les processus congestifs localisés sur leur foie; beaucoup de ces coloniaux bénéficieront tellement de leur cure de boisson — aidée de l'hydrothérapie sous forme de bains et de douches — que, en dépit de la sévérité des accidents dont ils ont souffert, organe et fonction hépatiques pourront chez eux revenir *ad integrum*.

*
* *

C'est justement à propos de pareils malades hépatopathiques ou gastropathiques, qu'ont été pressenties les premières distinctions qu'il y avait lieu de faire dans l'emploi des différentes buvettes; c'est à propos de pareils malades que la posologie vichysoise s'est affirmée.

C'est particulièrement à propos des hépatopathiques et des

gastropathiques qu'ont commencé, parmi les sources de Vichy, à s'établir ces sélections, qui, dans le langage de la Clinique, sont devenues : les *spécialisations thermales.*

Ces spécialisations, ai-je besoin de le rappeler, sont pour la Pharmacologie thermo-minérale, choses nouvelles; elles sont le fait des travaux des hydrologues modernes. Ce sont leurs études analytiques, fines et persévérantes, poursuivies sur des légions de malades, qui ont permis aux médecins de nous renseigner sur le dynamisme particulier à certaines sources, autant que sur telles de leurs applications thérapeutiques différenciées. Nul, en ce sens, et précisément à Vichy, n'a plus fait pour la Clinique Thermale, que Max Durand-Fardel.

Je dis l'étude et la pratique des spécialisations vichysoises choses modernes parce que, jusqu'au siècle dernier, il en a été de Vichy comme de tant d'autres stations aussi renommées.

A Vichy, comme à Plombières, à Forges, à Bourbon et à Bagnères chez nous; de même qu'à Poretta et à Lucques, en Italie; de même qu'à Bath en Angleterre, la tradition populaire et l'empirisme ne faisaient-ils pas que stations et sources étaient, dans le principe, mises, pêle-mêle et sans distinction, au service de la généralité des malades, et cela en dépit du siège, de la forme, comme de la nature supposée de leurs affections? La preuve en est, qu'à Bagnères et à Plombières Montaigne cherchait remède à sa gravelle; la preuve en est, qu'à Vichy, Mme de Sévigné soignait ses « rhumatismes », en même temps que son abbé s'y traitait pour « les indigestions et les dîners à venir ». La preuve en est, encore, qu'à Bourbon Mme de Sévigné recouvrait l'usage de ses membres, tandis que la marquise de Montespan y venait pour ses langueurs, et Boileau pour sa laryngite; la preuve en est que, à Forges, Voltaire et Diderot traitaient leur débilité, après que, pour le même motif, y était venu Louis XIII. La preuve en est encore, qu'à la fin du xviie siècle, et durant tout le xviiie siècle, l'aristocratie anglaise recourait aux eaux de Bath indifféremment contre les rhumatismes et les maux d'estomac, pendant que telle princesse y venait guérir sa stérilité, et Pitt (plus tard lord Chatham) ses accès de goutte!

C'est longuement, très lentement, petit à petit, que se sont établies — à vrai dire dans la seconde partie du xixe siècle — *les spécialisations thermales*; et cela non point, comme on pourrait l'imaginer, à la faveur des analyses chimiques partout mieux faites.

Les spécialisations thermales, les indications thérapeutiques précisées, comme les cures hydro-minérales opportunément appliquées, sont vraiment le fait de la pratique sagace et de l'expérience ingénieuse de nos confrères des stations, bien plutôt que l'aboutissant d'enquêtes et d'analyses produites par les chimistes. Sans rien méconnaître des services rendus par la thermo-chimie ; sans faire fi des prémices thérapeutiques dues aux analyses de laboratoire, j'affirme que nos malades, par le soulagement, par le réconfort et par la guérison rapportés de leurs « saisons », thermales, ont le plus et le mieux démontré la réalité de certaines spécialisations. C'est là un fait que les habitués du V. E. M. m'entendent fréquemment proclamer sous une formule que, pour l'adapter à la médication hydro-minérale, j'emprunte aux vieilles Pharmacopées : *Naturam aquarum effectus et curationes ostendunt.*

Nul étonnement après tout, que ce soient nos confrères plutôt que les chimistes qui nous aient enseigné comment et combien, de sources de même minéralisation (notez que je n'ai pas dit de même composition, car la composition d'une source comprend bien d'autres choses que la nature de ses éléments chimiques : elle comprend l'ordination desdits éléments aussi bien que leur état électrique et thermique, que leur mutation, que leur radio-activité, etc.), nous pouvions obtenir d'effets thérapeutiques différenciés !

Combien d'effets thérapeutiques nuancés ne s'obtiennent-ils pas à Vichy par l'emploi de la gamme alcaline si étendue? Que de variétés dans les cures faites par les malades : les uns venant ici pour des affections des bronches, des articulations, de l'estomac, des intestins, du foie et des reins; les autres venant pour s'y traiter d'obésité, de diabète, d'anémie !

La source à laquelle, sans conteste, nous avons trouvé le plus de malades, est la buvette de l'*Hôpital* : cela tient à ce que ses eaux sont, généralement, des mieux tolérées, et cela même par les dyspeptiques les plus sensibles. L'eau de l'Hôpital est sédative en même temps que tonique, ce qui l'a fait, à juste titre, dire eupeptique. Elle satisfait souvent, seule, à toutes les indications thérapeutiques; pour cela, il suffit que la maîtrise de nos confrères sachent la bien posologuer.

La *Grande-Grille*, pour profitable qu'elle soit aux hépatopathiques, ne doit être prise qu'avec circonspection, car elle se montre facilement une arme à deux tranchants ; favorisant la circulation hépatique, activant la sécrétion biliaire, elle a facilement les défauts de ses qualités, et provoque souvent de l'hypérémie et de la congestion dont ne souffrent déjà que trop certains des clients de Vichy.

De la Grande-Grille nos confrères nous ont enseigné qu'il fallait « user en s'en méfiant » ; il faut savoir s'en garer, pendant que le foie est encore irritable. Chez combien de malades, en instance de coliques hépatiques subintrantes, la Grande-Grille n'a-t-elle pas provoqué des crises, ayant pour inconvénients, en plus de la douleur, de forcer les patients à s'aliter et à interrompre leur cure ? A ce propos, je vous dirai — vous montrant une fois de plus les infinies variétés d'action de la médication alcaline vichysoise — que, à ces mêmes irrités du foie, en évolution ou en menace de coliques, la source *Chomel*, hyperthermale, fait beaucoup de bien, leur apportant l'apaisement avec la décongestion.

Vous remarquerez combien, au cours de cet entretien, j'insiste sur ces questions de posologie thermale — à laquelle trop peu de médecins prennent la peine de sacrifier, et d'assujettir leurs clients ; — c'est que en matière de Médecine Thermale, la manière pour le praticien de donner, comme la manière de prendre pour le malade, importe autant, sinon plus, que ce que l'on prescrit.

Toutes les réserves, toutes les prudences qui conviennent dans l'ordonnancement de l'eau de la Grande-Grille sont également de mise vis-à-vis des néphropathiques et des cystopathiques, quand on les juge justiciables de la buvette des *Célestins*. Vous songerez, que, avec ses 13 degrés, l'eau des Célestins, pour peu qu'on la prenne *larga manu*, excitant le rein déjà irrité, pousse fort à la diurèse. Facilement on agit avec les Célestins sur le rein, comme avec la Grande-Grille sur le foie : dans un cas comme dans l'autre, l'inconvénient risque de compenser l'avantage.

Combien de malades ne voit-on pas (abusant d'autant plus de l'eau des Célestins qu'ils la trouvent fraîche et agréable) se procurer des crises de dysurie ? Combien de clients ne voit-on pas également, pour trop fréquenter la buvette, se donner des « dérangements » d'estomac et d'intestins, dérangements imputables à la cure inopportunément faite par les malades, et nullement à l'affection pour laquelle ceux-ci venaient à Vichy.

En résumé, comme le prouvent nos confrères, par les services rendus à nos clients ; comme l'indiquent l'art et le doigté avec lesquels ils savent manier la médication alcaline ; comme nous l'apprennent leurs si importants Mémoires et Travaux — auxquels j'ai aujourd'hui tant emprunté, — les sources de Vichy, *surtout les chaudes*, peuvent se substituer, se suppléer, se combiner, s'alterner, s'allier, pour la cure des affections ressortissant, si nombreuses, à la médication altérante.

Une exception pourtant mérite d'être faite pour la source *Mesdames*, pour la source d'*Hauterive*, comme pour la source *Lardy* que leurs propriétés ferrugineuses (protoxyde de fer) recommandent spécialement aux malades débilités, notamment aux femmes anémiques.

Ce que je viens de dire longuement des propriétés générales et de certaines adaptations spécialisées des sources de Vichy, vous fera comprendre combien seraient abusives — prises au pied de la lettre — certaines anciennes formules de Vichy qui voulaient : que de l'Hôpital, fussent particulièrement justiciables les gastropathiques ; que, à la Grande-Grille, vinssent surtout les hépatopathiques, et parmi ceux-ci les lithiasiques biliaires ; qu'aux Célestins allassent boire les gens souffrant des reins et de la vessie, comme au puits Chomel les malades souffrant de la gorge et des voies respiratoires ; comme encore, de la source Lucas, fussent tributaires les dermopathiques !

La vérité pratique est que la maîtrise de nos confrères sait choisir dans les sources chaudes, employées séparément ou concurremment, tous les éléments de la médication altérante, pour remplir chacune des indications relatives à la constitution, au tempérament, à l'âge et au sexe du patient ; comme à la nature, à la qualité, à la forme et à l'évolution de sa maladie. C'est que nos confrères savent, à Vichy, compter moins avec des états morbides qu'avec des malades, ceux-ci réagissant chacun suivant ses moyens et ses susceptibilités propres. C'est que nos confrères savent que les buveurs seront participants, peu ou beaucoup, à la médication alcaline, suivant la valeur de leur terrain, suivant l'essence de leur tempérament, suivant le siège ou l'ancienneté de leurs troubles organiques et fonctionnels, plutôt que suivant la minéralisation de la boisson ordonnée. D'où la nécessité, pour le médecin traitant, d'adapter, au jour le jour, la médication thermale à chacun des malades, et non point d'asservir ceux-ci à une thérapeutique banale, d'équation invariable. D'où la nécessité, pour le médecin traitant, d'ordonnancer, de posologuer, à Vichy, la boisson aussi minutieusement que s'il s'agissait d'autres agents médicamenteux empruntés soit à la Pharmacie galénique, soit à la Pharmacie chimique. De même qu'il n'est ni sans inconvénients ni sans dangers d'abandonner à eux-mêmes tels de nos clients alors qu'ils prennent du calomel, des iodures ou de la digitale, par exemple; de même il est fâcheux toujours, dommageable souvent, dangereux parfois, de laisser les malades se traiter à Vichy sans direction et sans surveillance. Combien, chaque année, de malades sont mis en péril pour s'être imaginés qu'une cure à la Grande-Grille, à l'Hôpital ou aux Célestins, se fait aussi innocemment qu'on peut, sans ordonnance, s'administrer de la quinine !

L'intervention du médecin est impérieuse encore parce qu'il s'en faut qu'une cure de pleine efficacité consiste exclusivement dans un certain nombre de verrées à boire dans la journée. Outre que la manière de boire, dans le temps et dans la forme, comporte bien des différences, nombre d'adjuvances thérapeutiques peuvent, par prescription médicale, être judicieusement associées à la cure hydrominérale.

Le repos, la marche, certaines distractions, les massages, l'hydrothérapie, la gymnastique dans tous ses modes, la diététique enfin, doivent trouver place dans le traitement prescrit avec détails. A ce propos, vous ne me trouverez pas exagéré de dire que, s'il est, parmi les clients de Vichy, apparemment soignés de même manière, certains bénéficiant plus et plus vite de leur cure, que d'autres malades buvant à la même buvette, c'est que, chez les premiers, le traitement est mieux ordonnancé, le médecin veillant journellement, avec minutie, sur le genre de vie qu'il leur croit devoir imposer.

A propos de diététique j'ajouterai — la Diététique étant chez nos clients atteints d'affections chroniques chose qui nous doit occuper autant, sinon plus que la Pharmaceutique — que l'alimentation doit à Vichy être réglée aussi attentivement que l'est la boisson. A cet égard, sans me montrer trop difficile, je déclare que les *tables de régimes* ne me satisfont pas pleinement, en dépit qu'elles marquent un énorme progrès sur les tables d'hôte. Laisser, livré à lui-même, un malade s'installer, pour toute la saison, à une même table de régime *ne varietur*, me paraît peu rationnel. Est-ce que je ne suis pas fondé à répéter à propos de diététique ce que je disais de la médication thermale? La manière dont les malades réagissent au régime alimentaire; la manière dont ils mangent, digèrent et assimilent, m'important plus, pour l'ordonnancement de leur alimentation, que la nature même de leur alimentation. C'est de rations alibiles plus que de rations alimentaires, dont j'ai souci pour mes malades que je veux justiciables de prescriptions culinaires autant posologuées que le sont les prescriptions médicamenteuses. Dans cet ordre d'idées, est-il nécessaire de vous faire remarquer que le régime alimentaire idéalement recommandé à tel dyspeptique, à tel lithiasique biliaire, à tel goutteux ou à tel diabétique, débarquant à Vichy, ne saurait rester imperturbablement le même pendant toute la durée de la cure? Cela dit simplement pour montrer que le régime, comme toutes les choses de la Thérapeutique, doit, lui aussi, être *ordonnancé* avec un soin auquel n'ont garde de manquer les plus experts des médecins de Vichy.

Pour ce qui est des *associations thérapeutiques*, auxquelles je faisais allusion tout à l'heure, elles se trouvent ici à souhait, puisque je ne sache point l'un quelconque des agents de la Physicothérapie qui, le cas échéant, ne puisse être mis au service des malades.

En cet ordre d'idées, aussi bien que pour toutes choses thermales, Vichy est merveilleusement outillé, installé et pourvu. Sans faux amour-propre national, sans crainte d'être démenti, on peut dire que les établissements et les instituts — rivalisant de puissance et de beauté — font de Vichy le plus grand centre thermal du monde, *la* station merveilleuse, incomparable, qu'on égalera peut être, qu'on ne surpassera pas.

Si déjà, avant d'arriver ici, la réputation mondiale de Vichy ne vous avait pas été connue, vous l'auriez devinée : vous mêlant, hier et ce matin, à la foule cosmopolite des buveurs; entendant parler tous les idiomes; voyant défiler toutes les races du globe.

Pourtant ce n'est là qu'une faible partie de la clientèle de Vichy : celle-ci est universellement répandue au travers des cinq parties du monde, partout où, pour employer l'expression populaire, se fait *Vichy chez soi*; partout où se transporte le sel de Vichy mis, en bains, en pastilles, en poudre, en bouteilles, à la disposition du public.

Vous avez vu dans quelle vaste usine sont manutentionnés les *extraits* des sources de Vichy-État, qui, en paquets, en comprimés, sont, avec 40 millions de bouteilles, annuellement envoyés à travers les Indes, à travers les Amériques, les îles océaniques, aussi bien qu'à travers l'Égypte et le Transvaal.

Ainsi se fait, en tous temps et en tous lieux, la médication alcaline, avec pourtant certains avantages en moins qu'alors que la cure se poursuit sur place, aux buvettes mêmes.

Le temps me presse, je ne puis aujourd'hui revenir sur des idées maintes fois exprimées au cours du V. E. M., alors que je vous démontrais pourquoi et comment (question générale de pharmaco-dynamie) les effets actionnels des eaux, comme les effets réactionnels des malades, étaient ressemblants, mais nullement identiques, alors que la cure thermale se poursuit à la margelle des sources, ou au contraire se fait chez soi, loin des sources.

Longuement et maintes fois, je me suis expliqué sur ces conditions de Thérapeutique Thermale Générale dont l'immense intérêt nous entraînerait à trop de développements. Je n'ai pas besoin d'insister : vous saisissez les différences qui séparent une cure naturelle faite à Vichy même, d'une cure faite à distance! Nous servons au mieux les intérêts de nos clients en les amenant ici prendre, à la buvette, le médicament *nature*, alors qu'il n'a rien perdu de ses qualités natives; alors que l'eau de Vichy, agent de Matière Médicale Minérale organisée et vivante, apporte, avec ses gaz dissous et libres, sa pleine radioactivité, faite de l'ensemble original de ses propriétés organiques, chimiques, thermiques, électriques, osmotiques.

J'en ai dit assez pour que vous sachiez désormais le rang que tient Vichy parmi les puissances et les richesses thermales françaises; pour que vous sachiez quelle place, chaque jour prépondérante, occupe Vichy dans la Thérapeutique comme dans l'Hygiène thérapeutique mondiales.

Puisque je vous ai promis une *leçon de choses*, puisque je fais ici de la médecine thermale pratique, je m'en voudrais si je ne m'expliquais pas sur ce que l'on appelle les *contre-indications* de Vichy.

Pour votre gouverne : je les sais aussi peu nombreuses qu'on les croyait importantes, alors que certaines Écoles, plus doctrinales que cliniques, faisaient planer sur les eaux bicarbonatées sodiques fortes le spectre de la cachexïe alcaline. Si vous avez retenu ce qui vous a été dit, ce matin, aux buvettes, touchant les légions de paludéens, d'anémiés, de déprimés, souffrant d'hépatopathies, de diarrhées des pays chauds, de dysenterie ; si vous gardez le souvenir des soldats et des coloniaux retour du Soudan, de Madagascar et de l'Indo-Chine, que, à l'hôpital militaire, on vous a fait voir guéris et réconfortés, vous partirez d'ici convaincus de tout le bien que font les cures alcalines fortes opportunément conduites.

Les contre-indications sont ici celles que déjà vous m'avez entendu formuler partout où intervient une médication thermale puissante. Elles sont à Vichy ce que nous les avons vues aux stations sulfureuses, aux stations chlorurées fortes. Les contre-indications sont à Vichy ce qu'elles sont partout où la cure est profondément modificatrice de la nutrition. A ce titre ne doivent pas venir boire ici : les néoplasiques, les phtisiques, les fébricitants, les cachectiques, pas plus que les malades atteints de lésions sclérogénisantes irréductibles ; pas plus, bien entendu, que ne doivent venir les malades porteurs de lésions cardiaques en menace d'asystolie. Notez bien que si les phtisiques avérés n'ont rien à faire ici, je sais tels bacillaires et tels tuberculeux qui, parfois, viennent à Vichy se remettre des troubles gastro-intestinaux souvent imputables à la suralimentation malencontreuse à laquelle les a soumis une thérapeutique plus réflexe que réfléchie.

Cela dit, est-il nécessaire — pour vous tous qui connaissez la ville et ses environs — que je situe la station, et m'étende sur son orientation, son peu d'altitude, son climat doux, tempéré, sédatif, tant louangé par Madame de Sévigné ?

Tout cela, vous l'avez vu, vous le savez.

Laissez-moi ajouter que, ici, sur toutes choses, l'Hygiène règne et gouverne ; qu'avant peu, le système d'égouts sera aussi complet qu'étanche ; que les amenées d'une eau potable, irréprochable, débitent 400 litres, par jour, par tête d'habitant ; qu'en un mot, les quatre-vingt mille buveurs et baigneurs qui affluent à Vichy, de mai à octobre, sont assurés d'y trouver facilité de vie, aménité de séjour, agréments de compagnie, efficacité de cure thermale, associations thérapeutiques et pleines sécurités hygiéniques.

*
* *

Un dernier mot, et j'aurai fini : un dernier mot pour m'expliquer sur certaine comparaison que, au point de vue de la nature des eaux; au point de vue des indications thérapeutiques remplies, comme au point de vue des résultats obtenus, certains cherchent à faire entre Vichy et Karlsbad !

Vous n'ignorez pas que d'aucuns, en matière de médication alcaline, disputent pour savoir laquelle des deux stations, la française ou la bohémienne, détient le record de la puissance ?

M'est avis qu'il y a, dans cette dispute, jeu d'esprit plutôt que matière à jugement scientifique.

Apprenez d'abord que, pour avoir des traits communs et des qualités communes ; que pour être plus ressemblantes que pareilles, les eaux de Vichy et les eaux de Karlsbad ne sont nullement identiques. La preuve en est, qu'à envisager les deux célèbres stations, au point de vue de la composition de leurs eaux, le chimisme y diffère sensiblement.

L'eau de Vichy est une bicarbonatée sodique simple ; l'eau de Karlsbad une bicarbonatée complexe ; à Vichy le bicarbonate de soude représente à lui seul les cinq sixièmes de la minéralisation totale, tandis qu'au Sprudel le bicarbonate de soude représente le cinquième seulement de la minéralisation globale. D'autre part l'arsenic n'est point représenté à Karlsbad ; par contre, le chlorure de sodium, le sulfate de soude, portés le premier pour 1 gramme, le second pour 2 gr. 50 à Karlsbad, figurent à Vichy seulement pour 0 gr. 30 et 0 gr. 50 !

Ce sont là, vous en conviendrez, des différences chimiques notables : il en est de même au point de vue physique, puisque les eaux que nous avons dites chaudes à Vichy sont hyperthermales à Karlsbad, le Sprudel ayant 72 degrés, les autres sources 59, 53, 51 degrés !

Les différences constatées dans le *statisme* des sources françaises et des sources bohémiennes se continuent dans leur *dynamisme*.

Pour communes, en vertu des prémices chimiques, que soient, à Vichy et à Karlsbad, les indications thérapeutiques générales, bien des différences peuvent y être saisies.

Plus perturbatrice en Bohême, la médication alcaline provoque des phénomènes réactionnels rudes et violents ; plus doucement altérante en France, la médication fait, avec plus de moelleux, la régulation de la nutrition.

Les eaux de Vichy, pour ainsi parler, s'accommodent mieux aux tempéraments excitables, aux humeurs mouvantes comme aux réactions nerveuses, des races anglo-saxonnes, des races latines, des races slaves et de la race jaune, chaque jour plus tributaires du spécifisme des eaux alcalines françaises ; la susceptibilité organique et fonctionnelle des races anglo-saxonnes et latines se cabrant volontiers au contact des eaux bohémiennes.

Vichy n'a donc rien à envier à Karlsbad ; d'autant, qu'aujourd'hui, ses établissements rivalisent de richesses, d'ampleur et de beauté avec le célèbre Kaiserbad.

Nos nouveaux Thermes, si imposants dans leur architecture assyrienne, auraient bien mérité que, à leur fronton, en lettres d'or, on gravât les paroles du Dr Max Durand-Fardel, une des pures gloires de la Médecine Thermale Française, par lesquelles le Maître prophétisait la puissance et la renommée de Vichy :

« La valeur d'une station se mesure surtout par la multiplicité des moyens mis à la disposition du médecin, pour réaliser les indications qu'il prescrit. »

ANALYSE DES PRINCIPALES SOURCES DE VICHY

D'APRÈS M. WILLM (1894)

	GRANDE-GRILLE	CHOMEL	LUCAS	HOPITAL	CÉLESTINS	PARC
	Gr.	Gr.	Gr.	Gr.	Gr.	Gr.
Acide carbonique des bicarbonates	3.3748	3.3914	3.4200	3.5324	3.2645	3.5197
libre.	0.8494	0.9729	1.6798	1.1770	1.7765	1.6936
	(430 cc)	(492 cc)	(350 cc)	(595 cc)	(898 cc)	(857 cc)
	Gr.	Gr.	Gr.	Gr.	Gr.	Gr.
Carbonate neutre de Sodium...	3.5226	3.5400	3.4228	3.5240	3.1164	3.5176
— de Potassium	0.2424	0.2438	0.2266	0.3044	0.2277	0.2171
— de Lithium	0.0190	0.0227	0.0153	0.0227	0.0177	0.0185
— de Calcium	0.2529	0.2573	0.4128	0.3781	0.5015	0.4169
— de Magnésium	0.0483	0.0470	0.0500	0.0522	0.0667	0.0624
— ferreux (avec manganèse).	0.0028	0.0012	0.0045	0.0028	0.0009	0.0089
Sulfate de Sodium	0.2795	0.2757	0.2660	0.2667	0.2734	0.2638
Chlorure de Sodium	0.5737	0.5751	0.5679	0.5675	0.5291	0.5693
Phosphate disodique	0.0028	traces	0.0007	traces	traces	traces
Arséniate disodique	0.0008	0.0008	0.0008	0.0012	0.00075	0.0009
Silice	0 0652	0.0640	0.0503	0.0620	0.0395	0.0487
Acide borique, Iode, Strontium, Rubidium..	traces	traces	traces	traces	traces	traces
Matières organiques et pertes	0.0064	0.0083	0.0063	0.0015	»	»
Poids du résidu sec par litre	5.0164	5.0368	5.0240	5.1828	4.77365	5.1241
Poids du résidu d'après Bouquet (1854)	5.2080	5.2480	5.2240	5.2640	»	5.2800
Bicarbonate de Calcium $(C^2 O^5 Ca)$	0.3644	0.3612	0.5044	0.5445	0.7222	0.8883
— de Magnésium $(C^2 O^5 Mg)$	0.0736	0.9709	0.0757	0.0795	0.3016	0.0951
— ferreux $(C^2 O^5 Fe)$	0.0038	0.0012	0.0062	0.0038	0.0012	0.0118
— de Sodium $(C^2 O^5 Na^2)$	4.9849	5.0108	4.8436	4.9868	4.4325	4.9778
— de Potassium $(CO^3 K^2)$	0.3187	0.3215	0.2968	0.4010	0.2990	0.2863
— de Lithium $(C^2 O^5 Li^2)$	0.0303	0.0362	0.0244	0.0362	0.0281	0.0295
Bicarbonate de Sodium (Sel de Vichy) $(CO^3 Na H)$	5.5830	5.6120	5.4248	5.5852	4.9644	5.5751
— de Potassium $(CO^0 KH)$	0.3202	0.3521	0.3262	0.4407	0.3500	0.3146
— de Lithium $(CO^3 Li H)$	0.0350	0.0448	0.0282	0.0418	0.0325	0.0340
Minéralisation totale avec les bicarbonates anhydres, sans l'acide carbonique libre	6,7038	6.7325	6.7340	6.9490	6.4058	6.8849

Quelques Chiffres

L'Établissement thermal de première classe couvre une surface totale de plus de 3 hectares, 32.000 mètres exactement, dont 10.000 mètres occupés par la construction. Il a 170 mètres de long sur 165 mètres de large.

L'ensemble des services comprend :

136 cabines de bains, dont 6 de luxe ;

13 grandes douches avec vestiaire ;

24 douches massage avec vestiaires et lits de repos ;

36 douches ascendantes ;

2 douches avec bain ;

4 bains d'air chaud et 4 salles de massage ;

4 bains de vapeur ;

2 douches de vapeur ;

1 série de salles pour lavages d'estomac et de vessie, douches nasales et auriculaires, bains d'acide carbonique, inhalations d'oxygène et d'acide carbonique ;

2 bains de lumière (chaleur radiante et lumineuse de Dowsing) ;

2 grandes piscines chaudes, 3 froides, et 8 piscines individuelles ;

1 institut de mécanothérapie Zander ;

1 service complet d'électrothérapie avec bains Schnée.

L'Établissement des deuxièmes classes comprend :

110 cabines de bains ;

4 grandes douches avec déshabilloirs ;

2 douches avec bain ;

4 douches massage avec déshabilloirs ;

10 douches ascendantes ;

1 service complet de bains et inhalations d'acide carbonique, inhalations d'oxygène, un bain électrique et lavage d'estomac.

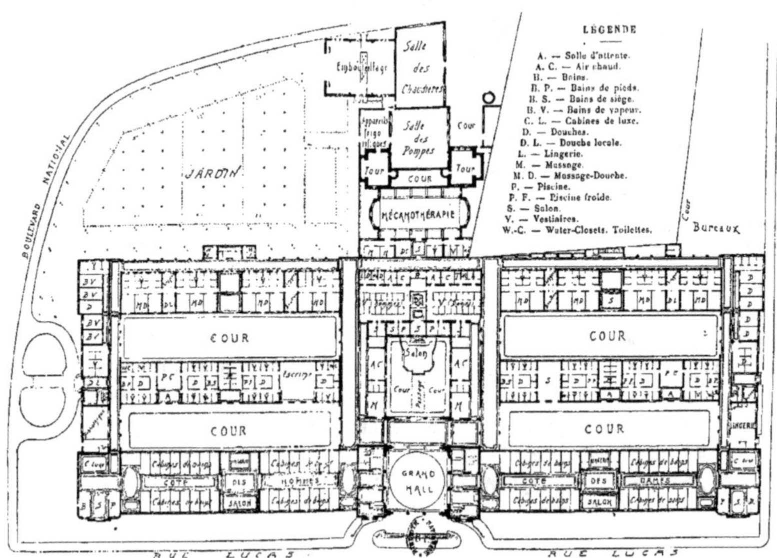

Plan du Rez-de-Chaussée.